DEL SACRIFICIO

DEL SACRIFICIO

Antonio Hernández Fimia

Valparaíso
EDICIONES

VALPARAÍSO POESÍA

Diseño de interior y maquetación: Chari Nogales
www.charinogales.com @chari_nogales
Imagen de portada: Antonio Hernández Fimia
Imagen de solapa: Jesús Romero de Luque

Primera edición: junio de 2025

© Del texto: Antonio Hernández Fimia

© Valparaíso Ediciones
C/ Fray Leopoldo, 7 bajo, 18014 Granada
www.valparaisoediciones.es

ISBN: 979-13-87538-72-9
Depósito Legal: GR 891-2025

Impreso en España - *Printed in Spain*
Gráficas Gami

DEDICATORIA

> *Dos cosas me interesan:*
> *la técnica del amor y la técnica del arte.*
> CESARE PAVESE

22 de agosto de 2024

Apenas saco tiempo para nada y así pasan los días o los años. He aprendido a funcionar en segundo plano, apunto durante el día impresiones, sospechas de grandeza en movimientos cotidianos, hallazgos que prometo desarrollar cuando llegue la noche. Acumulo pensamientos confiando en que algún día sabrán encontrar su espacio. Así intento apaciguar la ansiedad por lo inmediato, por la obra que comienza con el punto final de la anterior. Privilegio lo importante sobre lo urgente y confío en la criba del tiempo. Este libro, por ejemplo, se está escribiendo a fuerza de borrar los anteriores, descartando todo aquello que ha perdido con el tiempo el privilegio de obsesión.

Los días en esencia son iguales. Desayuno, si puedo, café de camino al teatro. Durante las primeras horas de ensayo, solo atiendo a mi desilusión con el oficio. Calderón me queda enorme a las nueve de la mañana. Admiro en mis compañeros la entrega, su madrugadora disposición para jugar y suspender el juicio. Me entusiasma tan solo la idea de ser fiel al compromiso que tengo con la admiración. En otras palabras, me entusiasma el amor. Es el compromiso lo que me permite acabar jugando también. Si lo consigo procuro no pensar cómo me siento. Las palabras, los argumentos, los discursos, los ensayos, nos esconden. La experimentación es una batalla gozosa; entrar al juego normalmente me supone un gran sacrificio.

Intento ser constante en mis lecturas. Subrayo con demencia cuando el texto lo permite. Subrayo con regla. Escribo también con regla, marco sutiles guías sobre el cuaderno porque siento que la forma ayuda a organizar las sensaciones. Al borrarlas descubro que estaban torcidas, igual que cuando subrayo. Las guías, las aparentes certezas de armonía terminan por torcerse siempre. No por eso dejemos de marcarlas.

En el amor o en el arte, pues no son para mí cosas distintas, atiendo especialmente a las crisis. En tiempos de plenitud uno no deja espacio a la elucubración: no medita lo que entrega. No se distrae con pre-ocupaciones, se abandona generosamente a su voluntad de ofrecer pues solo se goza plenamente aquello a lo que uno se abandona. Es, sin embargo, en las transiciones donde nos reafirmamos como artistas, —como amantes— cuando necesitamos redefinir las certezas. Si creamos de un modo consciente, volver al punto de partida pasa por dos etapas: introspección y comunicación. Durante la introspección —proceso de individuación para Jung, para San Juan de la Cruz, noche oscura del alma— soltamos lo aprehendido para cuestionarlo de nuevo, para desprendernos de aquello del *yo* actual que no ha de seguir siéndonos útil, dejando en el camino parte de nosotros mismos. En este ejercicio de ingeniería inversa, de deshacer lo andado para limpiar la mirada, para volver a nosotros, es cuando aparecen las grandes revelaciones. Donde encontramos rutas alternativas al desarrollo de nuestra identidad. Esta noche oscura es necesariamente dolorosa, debemos enfrentar nuestras sombras para purificar y renovar el espíritu. El futuro procederá de un largo dolor para emerger en una conciencia más fuerte, más alineada con nuestros propósitos, con nuestro verdadero ser. Nuestra materia básica es reducida a su estado más esencial antes de ser transformada en algo nuevo y valioso. Despojarse de los antiguos apegos, reeditar y expandir la identidad, es un proceso necesario, pero terriblemente cruel, pues implica la muerte de un antiguo *yo*, que es el actual. Como todo sacrificio, es un acto de amor profundo, en este caso, hacia uno mismo. Solo mediante el sacrificio purgamos nuestra nueva identidad de aquello que nos causaba sufrimiento porque estaba sin iluminar, oculto, reprimido. Cada vez que nos reconocemos en este camino, surge en nosotros una conexión más profunda y personal con lo sagrado, basada en la experiencia directa, en nuestra relación íntima con el objeto sacrificial. Este es el momento que exige para mí mayor responsabilidad por parte del artista, el de acumular recursos sin tratar todavía de hacerlos convivir, ejercitando el músculo poético, la mirada y dejando que las experiencias reposen y se acomoden a medida que nos reconstruimos. El arte es una forma de intimidad, un lugar donde ir a perder, donde no exigir réditos. Uno no va al arte —lo mismo que al amor— esperando que le sea productivo. En el caso del amor, durante las crisis, —las rupturas— surge siempre en mí el mismo deseo: trabajar por convertirme en la persona que quiero ser cuando pueda volver a amar. Respecto al objeto amoroso, Erich Fromm dice lo siguiente:

> El amor no es esencialmente una relación con una persona específica; es una actitud, una orientación del carácter que determina el tipo de relación de una persona con el mundo como totalidad, no con un «objeto» amoroso. (...) Si amo realmente a una persona, amo a todas las personas, amo al mundo, amo la vida. Si puedo decirle a alguien «Te amo», debo poder decir «Amo a todos en ti, a través de ti amo al mundo, en ti me amo también a mí mismo».
>
> ERICH FROMM, *EL ARTE DE AMAR*

El desamor entonces no es una cuestión romántica sino existencial, la pérdida de conexión con el mundo y con uno, cerrarle la puerta al misterio, a lo sagrado. Cuando experimento esta desconexión, me siento desamparado, deja de tener sentido el arte porque no creo en lo que comunico, estoy buscando un nuevo modo de entender las cosas porque mi percepción presente de la verdad se desmorona. Sostenida esta sensación en el tiempo, acabo perdiendo de vista mi interlocutor, entonces reconozco la crisis: yo, yo, yo. Con frecuencia escribo no porque me ayude, sino para hacer que pase el tiempo. Escribir es una especie de conjuro donde las hojas se acumulan como síntoma del progreso. La efectividad de la escritura es tangible, se mide en palabras. Si realmente duele, me fuerzo a escribir. Hoy escribo porque me siento solo, porque no encuentro otra forma de acabar con esta tarde. La escritura es entonces una ofrenda hacia uno mismo, pues la obra sólo surgirá al final del dolor. Volver a contestar las preguntas es la forma de terminar con lo que nos duele. A medida que el cuerpo sana y se reconstruye, que destilamos las nuevas certezas pasajeras, surge de nuevo la capacidad comunicativa, entramos en la segunda etapa: la comunicación. Comunicar es sobretodo compartir la dificultad. Ese diálogo entre el individuo y el mundo es el arte.

27 de agosto de 2024

Sobre la ambición: lo mejor que el arte puede ambicionar es ser honesto, me digo, responder solo a inquietudes reales y presentes. No proponerse una serie de metas, sino más bien ignorarlas, ya que siempre son insuficientes, todas quedan opacadas por otra posterior. Es la naturaleza de la ambición, no se limita. En el momento en que la cifras en un punto, se genera otro inmediatamente por encima. La ambición es una promesa irresoluble, me digo. La ambición es la historia universal del fracaso. Perseguir, por tanto, nuestras metas sin descanso únicamente conduce a la insatisfacción, pero alcanzarlas no sería mejor. «Alcanzar lo esperado fue una forma de perder la esperanza» —Rafael Lechowski. Sugiero entonces que persigamos honestidad en nuestras acciones, que estas sean hijas de nuestra convicción y sentimiento, para que sea el compromiso con el proceso lo que determine su progreso, que atendamos menos a nuestro deseo de ser aceptados que al de ser consecuentes con nuestra conciencia. No estudiar falsa humildad en nuestras conclusiones por miedo a desagradar, que, cuando es premeditada, la humildad deja de serlo. Si los materiales más valiosos para la creación los encuentra uno al comprometerse, al confrontarse a sí mismo, el verdadero acto de humildad consiste en ser sincero con los hallazgos, coincidan o no con la opinión general, los tilden o no de soberbia, sean o no luminosos. Ten el valor, me digo, de mostrarte vehemente si el sentimiento lo es, tiernamente si tierno, con mezquindad si mezquino, —sirva de ejemplo este libro— acepta y no escondas tus oscuridades: escribe no para tener razón, sino piedad contigo mismo, para estar a la altura de tu miseria, me digo, pues «el individuo se libera al dar a ver lo que él ve, dando lo que se le da».—María Zambrano. Nos liberamos del horror de lo que vemos, del horror de nosotros mismos. Si todo lo que puedo ofrecer es mi punto de vista, con mis luces y sombras, mis vicios y sesgos, que sea esa mi ambición: no protegerme al mostrarme. La verdadera vulnerabilidad, la verdadera humildad es el compromiso, no la tolerancia pasiva ante la corrupción de las ideas.

La renovación de las ideas estéticas pasa también por reconocer al estafador, al inútil, y al retrógrado de éxito, censor encubierto, aliado de estrategias cuantitativas que, por supuesto, siempre se hará pasar por lo contrario y hará de la humildad su estandarte.

ANGÉLICA LIDELL.

Soberbio es quien contempla sin involucrarse, sin ponerse a sí mismo en las cosas. Aspiro a que el arte ante todo sea honesto, que esté a nuestro servicio en el momento en que lo necesitamos y se niegue después a sí mismo para volver a empezar, me digo. Todo esto equivale a las guías que dibujo cuando escribo. Las líneas siempre acaban estando torcidas.

9 de septiembre de 2024

Primer día de trabajo después del verano. Vuelta a los ensayos con la Compañía. Aunque el reencuentro me conmueve, nada ha cambiado. Mi desilusión sigue intacta. Anhelo la curiosidad, la motivación que me trajo hasta aquí. Si el deseo es lo que motiva la acción, el truco para ser constante será cultivar primero el deseo por las cosas.

Últimamente solo atiendo a esta urgencia por sentirme distinto de como me siento.

Hoy he vuelto a verte después de tanto tiempo. La última esperanza para el amor fallido es el silencio, el abandono. Cuando el amor se derrumbe, mirarlo fijamente y en silencio. No cargar contra el amor cuando nos duele. Su triunfo es que no acaba cuando termina. Cuando algo ha sido amado, aunque de un modo distinto, ya lo es para siempre, hemos conquistado ese terreno a la muerte.

En el arte y en la vida, buscando el centro de las cosas, corremos dos riesgos: quedarnos en la superficie o pasarnos de frenada. Aunque busco el término medio, prefiero pecar de lo segundo. Saber reconocer los centros. Luego, tan solo, habitarlos. Allí no hay lugar para la literatura, no hay lugar para el pensamiento, no hay lugar para la palabra. En la verdad, solo cabe el silencio. En el silencio nuestro mundo interior nos es más accesible. Si fue un error, si fue un acierto solo lo sabrá quien conquiste su silencio. «Vivo entregado a esta idea, es la culminación de la sabiduría: solo merece la vida y la libertad quien tiene que conquistarla todos los días» , —Goethe

Estás guapísima con ese pelo.

5 de diciembre de 2023

Acabo de decidir que ya tengo tu regalo de cumpleaños. Voy a invertir las noches de estas semanas en recoger cada línea que haya escrito con tu nombre en estos meses, encuadernarlo en cuero y entregártelo. Gracias por agradecer como lo hiciste ayer mi compañía, por el amor tan fuerte que recibo. Es un verdadero privilegio ser consciente de esta suerte, sentir que tú también lo estás sintiendo. Gracias por compartirme de este modo, tan sin estrategias, desde el amor tan solo. Te quiero. Qué ganas de verte mañana en el ensayo. Qué año capital para ti, Antonio. Ahora mismo, recuerda, sabes lo que tienes y eso es lo mismo que tenerlo todo.

19 de diciembre de 2023

Después de quince días escribiendo tu regalo, hoy por fin te lo entrego. Feliz cumpleaños, amor.

25 de diciembre de 2023

Llevo una semana sin escribir nada. A raíz del regalo se torcieron las cosas. Ya lo contaré cuando encuentre fuerzas…

18 de octubre de 2022

Primer viaje todos juntos. Estoy terriblemente vulnerable, el patio huele a leña y empiezo a imaginarme la función, el texto de Lope me encanta. Esto comienza a ser un grupo, una compañía. Tengo un árbol favorito. Está hueco por dentro, pero lo agita el viento y él discute entre nosotros con su sombra. *Ella* roza mi pierna con su muslo, no creo ni que se esté dando cuenta.

15 de noviembre de 2022

Meditación con *Ella* cogidos de la mano. No sé bien qué significó, pero algo grande, porque se ha parado el cuerpo, ha vuelto la parálisis nerviosa.

22 de noviembre de 2022

Es una certeza, me gustas. Tengo ganas de ir a los ensayos por verte, de participar por ver si te impresiono, si logro llamar tu atención, si vuelves a rozar mi pierna.

25 de noviembre de 2022

Llevas tres días sin apenas dormir, Antonio. ¿Qué te han hecho?

10 de diciembre de 2022

Anoche fui a verte actuar. Te he escrito un poema. *Noli me tangere.*

27 de enero de 2023

Carta para no enviarte: (...) Es difícil también tu posición, eres consciente de con qué privilegio disfruto los minutos que me entregas, el amor con que me tratas. Cómo mides tus actos por miedo a provocar malentendidos, cómo intentas normalizar nuestra amistad. (...) Perdón, me he puesto estupendo. Salvo en la intimidad, es algo que intento evitar, pero solo me preocupan dos cosas: que la vida se acaba y que, mientras tanto, tenemos el amor.

> «Tú vives siempre en tus actos.
> Con la punta de tus dedos
> pulsas el mundo, le arrancas

auroras, triunfos, colores,
alegrías: es tu música.

La vida es lo que tú tocas».

PEDRO SALINAS

12 de febrero de 2023

Vinimos juntos al teatro y te has quedado dormida en mi hombro.

7 de julio de 2023

Vuelvo a no dormir.

30 de julio de 2023

Esta mañana por fin, por fin nos besamos. Anoche salimos de fiesta y acabamos casi todos en mi casa. Estando yo ya dormido, entraste a dormir conmigo. No voy a escribir más, no sería capaz de contarlo.

5 de agosto de 2023

Hoy me sangró la nariz de los nervios. Me estabas besando. No es una forma de hablar, realmente me mareo y tiemblo. Te he puesto perdida.

30 de septiembre de 2023

Porque duermes en mi cama, es mi cumpleaños. Anoche me regalaste, enmarcado, como una pieza de museo, un trozo de la tapa del váter que rompimos en tu casa hace unos días al volver de madrugada.

«Esta suerte de trozo de muro de Berlín,
que también se rompió por amor».

19 de diciembre de 2023

Después de quince días escribiendo tu regalo hoy por fin te lo entrego. Feliz cumpleaños, amor.

25 de diciembre de 2023

Llevo una semana sin escribir nada. A raíz del regalo se torcieron las cosas. Ya lo contaré cuando encuentre fuerzas…

3 de febrero de 2024

No disfruto mi trabajo. Todo el mundo participa mientras yo me siento al margen, nada despierta mi interés. Dentro del grupo lo personal me pesa tanto que no puedo no atenderlo, ignorar mientras trabajo qué me gusta o molesta. Admiro cómo lo haces tú, cómo disfrutas viendo al resto trabajar. Me dices que es por morbo, yo quisiera ser capaz.

6 de febrero de 2024

Siguen raras las cosas, no siento que me trates del todo bien. los dos estamos frágiles. Ya no vamos a la vez. No sé cómo de bueno es que lo permitamos. Sí lo sé, pero me siento a merced. Esta mañana no pasó nada, acaso nuestro amor o la esperanza.

13 de febrero de 2024

Bueno, amor, intentemos naturalizarlo lo más posible mientras no tengamos tiempo para hablar. Evitar esto ahora y ya está, me dices. Ya van varias semanas. Trabajamos juntos de lunes a sábado, tiempo tenemos. Sospechar el desastre no le resta mérito a la caída.

15 de febrero de 2024

Vitoria. Lo hemos dejado.

¿Quieres dejarlo? ¿Necesitas que lo dejemos?, te digo.
No lo sé, me respondes.
Yo creo que sí lo sabes, te digo.

Sí lo sé.

18 de febrero de 2024

Seguimos en Vitoria con el resto. En medio de la cena, borracho, me volví llorando a casa. Horas después —como la primera vez— entró en la cama, puso la mano en mi espalda y lo entendí. Cada gesto, horrible y dulce, se prometía el penúltimo. A la mañana siguiente echamos el mejor polvo de mi vida. Luego por fin lo dijo: *te amo.*

29 de febrero de 2024

Me siento triste pero más tranquila así, estando con el otro sin que el otro lo sepa.

9 de marzo de 2024

Acabamos de llamarnos por teléfono en la cama, no estoy bien. Le dije que me doy cuenta ahora de que hemos vivido dos relaciones distintas. Porque no es que no lo viese, pero no lo quise ver.

Me doy cuenta de que me importabas mucho más que yo a ti, le dije.

Lo siento, me dijo.

28 de marzo de 2024

He vuelto a no dormir. Estamos volviendo a vernos.

2 de mayo de 2024

Han pasado algunos días de la cita en el café. No quiere nada conmigo. Volver a acostarnos era, según dijo, una manera de hacer más llevadero el tener que coincidir a diario en el trabajo. Que ya podremos después olvidarnos mutuamente. Hasta que no deje de odiarte, no voy a hablar más de ti, no quiero hacerte eso. Mientras tanto, cada día, cada hoja del cuaderno donde no ponga tu nombre, será igual que decir: te odio.

30 de mayo de 2024.

Empiezo a sospechar que para ti los reencuentros son un peaje, un mero trámite por el que hay que pasar si se quiere disfrutar de una nueva ruptura.

18 de junio de 2024

Ayer, después del ensayo, nos quedamos hablando y hemos vuelto a dejarlo. Lo que fuera que tuviésemos lo hemos dejado. No es amor si tienes que convencer a la otra persona todos los días de que te quiera, de que vales la pena.

Lo ideal es no tener que hacer sacrificios, me dices.

4 de septiembre de 2024

Sé que estas noches son las importantes, las de sentarse a escribir, las noches del sacrificio. Se vuelve a repetir y lo detesto: hablar del desamor. Me cuesta no cantarle a lo que amo y amo tanto aquello que he perdido.

Admirarte, odiarte, se ha convertido en mi forma de huir de mí, de no saber quién soy cuando hablo con las cosas. Tú has sido —sigues siendo— todas ellas. Este libro lo he empezado para hablar contigo, no conmigo.

A ti por la ternura, por el sacrificio.

DEL SACRIFICIO

Sacrificio. Del latín *sacrum* (sagrado) y *facere* (hacer). Hacer las cosas sagradas.

Recuerdo empezar a interesarme por las etimologías a raíz de un encuentro con el público que tuvo lugar después de una función de *El monstruo de los jardines*, la obra de Calderón de la Barca que hicimos con la Compañía Nacional de Teatro Clásico. En nuestra versión el director había adaptado la guerra de Troya al contexto bélico del siglo XX, donde, para disminuir en lo posible la distancia con el original, los oráculos, los Dioses, hablaban con el hombre a través de interferencias en las radios militares del ejército, siendo simbolizados de algún modo por la tecnología, por la potencia violenta y terrible que suponía el desarrollo tecnológico para una guerra mundial. Actualizó la idea de Dios para conseguir que la obra provocase en el espectador un efecto parecido al que creímos que debió lograr cuando fue escrita, cuando el mundo aún creía en los Dioses. Para que el público creyese hoy, para que la obra siguiese logrando el efecto perseguido por Calderón, había que revisitar el concepto de Dios, pues el ímpetu racional desplazó de nuestras vidas lo sagrado, el misterio ante lo indecible. Hoy negamos con frecuencia aquello que nos supera, lo que escapa al ámbito de lo manejable nos horroriza, tememos lo absoluto. Solo admitimos el milagro si es como problema técnico a la espera de ser resuelto por la razón. Aquello que nos sobrecoge —lo terrible— resulta inapropiado. Tampoco la fábula escrita por Calderón sucedía en su tiempo, sino en la batalla de Troya. En estas actualizaciones, en el hecho de reinterpretar a alguien que a su vez reinterpretaba, traía a su tiempo la gran guerra de la historia del arte, nos interpretamos a nosotros mismos en el reflejo que devuelve el espejo del tiempo, de la tradición. En el intentar conocernos a nosotros mismos a través de la mirada de quienes ya estuvieron reside el diálogo cultural. Durante el encuentro con el público alguien preguntó el por qué de esta decisión, por qué no aparecían directamente los Dioses en escena. Al no poder estar aquella noche el director, tomé yo la palabra. Recuerdo hablar de cómo algunas acciones dentro del teatro resultan obscenas para el espectador en su sentido etimológico, que era por lo que yo suponía que se habían adaptado esas escenas. *Obscenum*, de *ob* y *scena*, según una de sus etimologías más extendidas, es aquello que ha de suceder fuera de escena porque resulta inapropiado para que el público que acude al teatro acepte participar de la convención, para que se predisponga a ser engañado. Estos códigos de aceptación —lo obsceno— cambian con el tiempo, de ahí la necesidad de seguir adaptando los clásicos para honrarlos, para asegurar su supervivencia en un mundo que se ha emancipado de lo divino. Recuerdo mi respuesta porque durante al menos una semana gran parte de los compañeros estuvieron burlándose de mí —de forma inocente, sin malas intenciones— por decir *en su sentido etimológico*, un cultismo al parecer inapropiado para un encuentro con el público donde dije exactamente lo que quería decir para responder exactamente a lo que habían preguntado. Empecé entonces, si no a obsesionarme, por lo menos a encontrar cierto placer vanidoso, culpable, en perseguir la sustancia original de aquellas palabras que en el día a día me agitaban con violencia sobre el resto. Escribo este ensayo para convencerme de lo que en él defiendo, para renovar mi fe en el arte pues la fe es voluntad, voluntad de creer. Escribo para tratar de reafirmarme en aquello que he elegido como valioso; el amor, la poesía. Sin más pretensión que la de entender dignamente mi soledad. Si he decidido incluir esta anécdota es porque dibuja con trazo preciso el sentimiento que más me ha acompañado durante el proceso de escritura; la desesperanza. Ridiculizar la herencia cultural —en este caso, el uso mismo de la palabra etimología— denota principalmente un miedo secreto a la sustancia de las palabras, me digo. Miedo a mostrarse atravesados por una verdad esencial, miedo a la trascendencia, a emocionarse con algo que no resulte superfluo, que no admita un distanciamiento. Miedo a vincularse. Este libro pretende militar contra ese miedo.

La primera manifestación de lo divino es sutil pero implacable, si uno la siente, no la puede negar. Podemos definir lo divino —aquello relativo a la experiencia mística, aquello que nos excede— gracias a que existe lo humano. La idea de lo divino nos hace humanos también, termina de completar nuestra condición pues juntos constituimos un binomio. Resolver lo humano nos acerca a lo divino y viceversa. Dios es por tanto un marco desde el que observar el mundo, una red de seguridad desde donde desarrollar la identidad, algo en lo que creer, fe. Llamo Dios a toda conexión con lo sublime, a los estremecimientos del alma humana frente a lo desconocido, lo inexplicable. Si digo Dios, digo consuelo. Quien quiera encontrar consuelo, que encuentre primero a su Dios. Cada uno donde así lo considere pues el espíritu sopla donde quiere. Si en algún sitio está el mío, si algo siento sagrado, son el arte y el amor. La aparición de los Dioses supone en el mundo antiguo la posibilidad de la pregunta, pues ya hay a quién dirigirse, alguien a quien exigir respuestas. Encuentro un bellísimo alivio en la idea de Dios propuesta por Carlos Blanco, para quien Dios, más que aquel a quien dirigir la pregunta, es el hecho mismo de preguntar, la creación. Pero con frecuencia el miedo a la verdad última, la muerte, nos lleva a no preguntarnos. Dios como pregunta en lugar de como respuesta, es decir, como horizonte infinito de la imaginación y el cuestionamiento humano, —pues siempre podemos formular nuevas preguntas— la proyección del hombre a lo desconocido.

Nada caracteriza mejor la esencia de lo humano que plantearse incesantemente preguntas y sentirse insatisfecho con las respuestas ya alcanzadas. Así, lo que las grandes tradiciones religiosas han denominado Dios no es otra cosa que el estado actual de nuestra capacidad interrogativa, la frontera entre nuestro conocimiento y nuestra ignorancia.

CARLOS BLANCO

Dios como despliegue ulterior de las posibilidades, como comprensión de las conexiones entre los fenómenos. Conforme evoluciona la humanidad, el espacio de nuestra imaginación se expande. Dios sería entonces el límite asintótico de la potencia creativa de la mente: una realidad ideal que preexiste y manifiesta inmutabilidad, pues aunque nos aproximemos a ella conforme extendemos el poder creativo de la mente, aunque la idea de Dios cambie y se expanda a medida que nos aproximamos a ella, lo que no cambia es su propiedad de inalcanzable, su condición de límite. «La poesía de un pueblo es el elemento de su progreso. La cantidad de civilización se mide por su cantidad de imaginación».—Víctor Hugo. La decadencia de un pueblo, añado yo, comienza al privilegiar su comodidad frente al espíritu. El paso de lo racional a lo divino se explica mediante el argumento de que la razón nos arrebata a Dios pero solo para devolvérnoslo después, transformado bajo la mirada del pensamiento, con mayor intensidad. En su modelo filosófico, Blanco no apela tanto al estado actual del universo como al futuro, —colocar la utopía en el horizonte nos anima a caminar— concibiéndolo como las posibilidades que surgen de un sistema formal de leyes y objetos integrado por premisas, reglas de inferencia y consecuencias.

Dios no dependerá del número de mentes sino de la calidad del pensamiento que emergiese de ellas, equivaldría al grado de elevación cognitiva obtenido por cualquier clase de mente. Dios sería más bien la idea resultante de esas mentes en su capacidad de expresar un perfeccionamiento del espíritu.

CARLOS BLANCO

Una totalidad de ideas y sentimientos late en nosotros. El Dios al que se refiere, dice, converge en esa totalidad entre las que se encuentran el llanto, la ilusión, la conciencia humana... «Dios, si existiera, sería el verso más hermoso, la palabra más pura, la melodía más insondable.»

Mi principal objeción a este modelo es que para que el llanto, la ilusión, la conciencia sucedan como consecuencia del arte, para poder sumergirnos en cualquier experiencia estética es necesaria la fe, fe poética, a la cual no se accede por el pensamiento, —fuego robado de Prometeo, sustancia divina que nos diferencia del resto de animales — sino mediante los sentidos. Antero señaló que el gran conflicto del poeta es el que surge entre la necesidad emotiva de la creencia y la imposibilidad intelectual de creer, la distancia entre el ideal y el absurdo. Coleridge acertó a definir la fe poética como la suspensión voluntaria de la incredulidad. Al hablar de creación, Blanco, en su posición de filósofo, realiza una lectura desde el pensamiento. Yo pretendo relacionarme con su modelo desde lo que los griegos llamaron el *apeiron*, el descubrimiento filosófico de la realidad poética, lo sagrado revelado a través del arte, la poesía, ese algo indefinido que se sitúa al otro lado del pensamiento. No como lo contrario a la razón sino como una integración del saber y el sentir, la razón poética de la que habla María Zambrano, para quien en la cumbre de esa razón integradora gobierna el amor, pues la razón poética ha de ser a su vez razón ética, lenguaje de aquellos lenguajes donde no opera la razón. Blanco habla de horizonte, de futuro, pero la experiencia mística, el delirio estético, siempre sucede en presente, fuera de los márgenes del pensamiento, donde no hay lugar para la elaboración reflexiva, sólo para la contemplación. Para ser permeables al presente debemos cultivar un tipo especial de conciencia que no tiene que ver con una técnica concreta sino con una manera de ser y estar en las cosas. La ciencia entiende la conciencia como el resultado de la constitución anatómica y funcional del cerebro humano donde unas áreas se encargan de percibir y otras de asociar lo percibido. Gracias a esa retroalimentación podemos reflexionar sobre el objeto que percibimos. Pero las grandes revelaciones que el arte nos ofrece descansan en ese otro tipo de conciencia no dual, una despojada de sujeto y objeto que ha trascendido las barreras del pensamiento y los sentidos. Una conciencia vacía con capacidad para contenerlo todo de manera simultánea. Ese vacío perfecto que posibilita la plenitud, —perfecto en la medida en que la potencia es superior al acto, la semilla al árbol— el lugar del que emergen y se desarrollan todos los eventos, esta atención especial, esta actitud frente a la vida, me digo, es la poesía. Huyo del debate en torno a qué es o no poesía porque aunque encuentro en ella —como género literario— una fuente inagotable de placer, el foco principal de mis intereses no es la poesía, sino lo poético. Lo poético es la mirada consciente, mirada en presente sobre las cosas. Al pensar el presente, lo destruímos, lo transformamos en materia conceptual pues pensar el presente es convertirlo en pasado. En la experiencia estética, la emoción —tanto para quien crea como para quien recibe lo creado— surge del abandono al instante, de la permeabilidad a los estímulos que nos estremecen. Pienso que es en el instante presente donde reside lo divino porque este escapa a lo cuantitativo, —cualidad que excede lo humano— no se mide, se siente. En caso de poder medirse, correspondería a la unidad mínima mensurable que pudiésemos imaginar, ese tiempo sin tiempo de donde emana la inspiración, saber fugitivo del poeta que se le arrebata en el mismo momento en que se le concede. El pensamiento es necesario para empujarnos hasta aquellas orillas donde deja de hacer pie la razón, y solo desde ahí poder sumergirnos en el hecho artístico, abandonarnos al misterio sin que la cabeza opere o interfiera. La atención sostenida se conoce en sánscrito como *samadhi*, el fugaz sentimiento de unidad que experimentamos al entrar en contacto con el universo. Esta se desarrolla a través del ejercicio continuo de darnos cuenta de que nos hemos alejado del objeto de atención y volver a él para desaparecer de nuevo en el objeto observado, sin *yo* alguno que observe. Cuántas veces como espectadores en el teatro ponemos más atención en ignorar las carencias técnicas o argumentales que en recibir una experiencia. No podemos ser permeables, desatender al *yo* para creer en la magia cuando vemos tan fácilmente el truco, cuando las constantes lagunas en la construcción de una pieza nos impiden suspender la incredulidad, nos desmontan la ilusión y nos devuelven a nosotros mismos. «Tildar algo de misterioso implica una renuncia tácita a pensar. Sería deshonesto ampararse en la belleza del misterio para disfrazar nuestra ignorancia» dice Blanco, para quien el milagro reside en la infinitud potencial de lo que siempre nos faltaría por comprender. Si bien estoy de acuerdo, añado que, en contraposición al misterio, —lo oculto— el milagro es la revelación de aquello que necesariamente no puede ser pensado, el rayo sensorial que nos atraviesa cruzado el umbral de la ignorancia. Reconocemos lo divino no a través del pensamiento sino de los sentidos. Lo divino pertenece a esa clase de sensaciones carentes de definición porque no la necesitan, o mejor dicho, no la admiten. Esa suerte de conciencia similar al universo, es decir, sin centro ni periferia, donde todo es unidad y percepción sin respuesta racional pues la grandeza no se argumenta, a la grandeza se asiste. Es el mismo sentimiento que nos sobrecoge cuando contemplamos en silencio el David de Miguel Ángel o exploramos con el cuerpo la crueldad del desamor.

El contacto con lo sublime nos redimensiona, pasamos a ocupar el tamaño de aquello que contemplamos. El amante, el poeta no mira las cosas desde arriba ni desde abajo, sino a su misma altura. La gente habla de las cosas, el poeta, el amante, habla con las cosas, escucha, comprende lo que las cosas dicen. Explora el presente del mismo modo que lo hace el niño, quien, como dice Umbral, ignorando las ideas discurre con los objetos, se mueve entre realidades. «Crueldad y ternura son en él una misma cosa, destripa el mundo porque lo ama. (…) Hay una dimensión del hogar que solo descubre el niño. Reducir lo enorme a su medida, compendiar el mundo y entenderse con lo inmenso mediante lo pequeño. El niño participa de la fruta, el gato y el hombre».—Francisco Umbral. Así como para él «la niñez es esa fragancia que desaparece al aspirarla», así como el niño deja de serlo al comprender la muerte, —paso del ser al no-ser— el presente desaparece al ser pensado. Para Wittgenstein lo que no podemos pensar, tampoco podemos decirlo. Los límites del lenguaje son los límites del mundo. Para trazar los del pensamiento tendríamos que ser capaces de pensar a ambos lados de ese límite. Podemos decir lo que es el mundo, pero no lo que no es, a partir de lo conocido deducimos lo desconocido; porque la manifestación física de la muerte parece un sueño, la llamamos sueño. Según Pessoa «Con pequeños malentendidos con la realidad construimos las creencias y las esperanzas. La civilización consiste en dar a una cosa un nombre que no le corresponde y después soñar sobre el resultado. Y realmente el nombre falso y el nombre verdadero crean una nueva realidad. El objeto se hace realmente otro porque lo hicimos otro». Por eso solo si exprimimos el pensamiento hasta la frontera de lo irreconocible, de la imaginación, estaremos en disposición de crear. Sin ese pensamiento previo, no reconoceríamos el límite, cayendo incesantemente en el lugar común, en lo ya explorado de manera idéntica. Sin el abandono posterior a lo innombrable, el poeta sería tan solo un analista, un mero conocedor de las materias. Tampoco como artistas aspiramos a actuar únicamente sobre el cerebro del público, sino sobre los sentimientos y los sentidos, el cuerpo. No tenemos nada en la mente, decía Aristóteles, que no haya pasado primero por los sentidos. Las ideas del autor son solo bocetos aproximativos al servicio de la experiencia presente: la representación teatral, la exposición a la pintura, al sonido del violín… para hacer arte no sirve solo con la inteligencia, cuya principal virtud reside en reconocer que es limitada. La inteligencia no es suficiente porque no admite el misterio. Encontramos buena prueba de ello en el que a mi parecer es uno de los poemas más perfectos de Borges, el amenazado, que comienza diciendo:

Es el amor. Tendré que ocultarme o que huir.
Crecen los muros de su cárcel, como en un sueño atroz.
La hermosa máscara ha cambiado, pero como siempre
    es la única.
¿De qué me servirán mis talismanes: el ejercicio
    de las letras,
la vaga erudición, el aprendizaje de las palabras que usó el
    áspero Norte para cantar sus mares y sus espadas,
la serena amistad, las galerías de la biblioteca,
    las cosas comunes,
los hábitos, el joven amor de mi madre, la sombra militar
    de mis muertos, la noche intemporal, el sabor del sueño?
Estar contigo o no estar contigo es la medida de mi tiempo.

El poema concluye:

Hay una esquina por la que no me atrevo a pasar.
Ya los ejércitos me cercan, las hordas.
(Esta habitación es irreal; ella no la ha visto.)
El nombre de una mujer me delata.
Me duele una mujer en todo el cuerpo.

Para poder escribir «me duele una mujer en todo el cuerpo» es necesario el cuerpo. A decir verdad, para poder escribir «me duele una mujer en todo el cuerpo» es necesario ser Borges. Vemos en él el más alto ejemplo de conocimiento al servicio del poema, el pensamiento como trampolín hacia la dulzura secreta de lo terrible y no como fin en sí mismo.

«La belleza no es nada sino el principio de lo terrible» —Rilke.

«El borde es lo terrible, no el abismo» —Piedad Bonnett.

Habitar el presente requiere exposición al silencio, asomarse al interior de uno. Para alumbrar nuestras sombras necesitamos el conflicto. Si bien el camino a la paz es el propio ejercicio de la paz, en el sendero es inevitable la lucha. El principal problema que encuentro entre los creadores de mi generación —motivación fundamental de este libro— es nuestra infantilización de la cultura debido a la incapacidad para el conflicto, para vincularnos y comprometernos con algo, para aportar una visión propia, incapacidad que a menudo disfrazamos de desinterés. El artista no puede tener miedo al conflicto. A decir verdad sí puede, es incluso recomendable, lo que no debe es eludirlo pues no hay arte sin tensión. La evasión del conflicto trae consigo una forma contemporánea de violencia, más sutil que la de la agresión: la violencia del consenso. Compuesta por una cadena de violencias silenciosas, socialmente legitimadas que acometen por contagio contra el pensamiento crítico, contra la individualidad que se antepone a la masa. Byung-Chul Han atribuye las enfermedades neuronales del siglo XXI a una dialéctica de la posibilidad, estados patológicos provocados por un exceso de positividad: «La violencia parte no solo de la negatividad, sino también de la positividad, no únicamente de lo otro o de lo extraño, sino también de lo idéntico». Para ejemplificar este exceso de positividad rescata la analogía con las células cancerígenas propuesta por Baudrillard, las cuales funcionan por proliferación indefinida; por metástasis. «En un sistema dominado por lo idéntico solo se puede hablar de defensas del organismo en sentido figurado. La resistencia inmunitaria se dirige siempre contra lo otro o lo extraño. Lo idéntico no conduce a la formación de anticuerpos. En un sistema dominado por lo idéntico no tiene sentido fortalecer las defensas del organismo. Debemos diferenciar el rechazo inmunológico del no inmunológico. Este último va dirigido a la sobreabundancia de lo idéntico: el exceso de positividad».Este exceso de positividad, la asfixia ante la saturación de lo idéntico es también trasladable, como es lógico, a las artes, reflejo de la sociedad en que se desarrollan. Trasladando el paralelismo inmunológico al ámbito artístico, pienso en las propiedades de la hormesis; una dosis muy pequeña de veneno letal, no mata, sino que fortalece al huésped. La exposición repetida al estrés moderado nos estimula, genera en nosotros las adaptaciones necesarias para sobrevivir. Este efecto hormético en el arte sería la exposición a lo distinto, la capacidad para el conflicto. La violencia del consenso no es restrictiva, pues no nos priva de nada, —la poesía nace de la privación, de la orfandad— por el contrario, es saturativa. Opera sin descanso de manera silenciosa, por lo que somos menos sensibles a su percepción inmediata. La depresión, el síndrome de déficit de atención o la hiperactividad probablemente remitan a un exceso de positividad, es decir, no a la negación, sino a la incapacidad de decir que no. La incapacidad para conflictuarse no se debe a que no nos esté permitido hacer algo, sino a que estamos en condiciones de hacerlo todo. Esta forma moderna de violencia no nace de una negatividad extraña al sistema, es sistemática, legitimada.

El cambio de paradigma respecto a un periodo histórico anterior, señala Han, se debe al paso de la sociedad disciplinaria a la sociedad del rendimiento. El imperativo del rendimiento nos vuelve intolerantes ante los sentimientos negativos que derivan del conflicto, porque, aunque del conflicto nazcan las grandes revelaciones del espíritu, requiere de una pausa reflexiva, lo que disminuye la producción. La disciplinaria era una sociedad de la negatividad, de la prohibición, pero a partir de un determinado nivel de producción la negatividad nos bloquea y por tanto es más eficiente la positividad, el paso del *yo debo* al *yo puedo*. Sin embargo, el *poder* no anula el *deber*, sino que se acumula. Sigo teniendo que responder ante imperativos externos, pero ahora, además, añado nuevas exigencias autoimpuestas. Si yo mismo me exploto, puedo ser mi mejor versión. El *si quieres, puedes* conlleva un aumento en los casos de depresión, ya que no *lograr que algo sea posible* dentro de una sociedad donde *nada es imposible*, donde todo depende de nosotros, de nuestro esfuerzo, de cuánta ansiedad estemos capacitados para soportar, nos convierte en dueños absolutos de nuestro fracaso, de nuestro malestar, ignorando el marco y los condicionantes externos. Si no lo estás logrando es porque tus esfuerzos son insuficientes. Si estás dando lo mejor de ti y no lo estás logrando, tú eres insuficiente.

También todas las metas, los horizontes, terminan siendo insuficientes. Si estabas capacitado para alcanzar el estado actual de tus ambiciones, significa que puedes —debes— aspirar más alto, exigirte un poco más la vez siguiente, aún cuando la vez siguiente comienza inmediatamente después de conquistar la meta actual, sin tiempo para la celebración o el descanso. Así nos instalamos en un sentimiento crónico de derrota, de insuficiencia, desmereciendo lo fugaz de la victoria. Somos biológicamente incapaces de aguantar el ritmo impuesto por la sociedad hiperestimulada de las redes sociales. Al no poder acelerarnos más allá del límite afectivo, emocional y cultural de nuestra especie, al ser incompatibles los tiempos de respuesta neuronales con los de los algoritmos, se produce una desincronización entre nosotros y el entorno, entre mundo e individuo. Franco Berardi llama a este fenómeno *caos*: la imposibilidad de darle sentido al flujo, el pánico. En el caos, perdemos la capacidad de discernir, de discriminar lo relevante de lo irrelevante, lo esencial de lo anecdótico. En otras palabras, la sociedad de la positividad impide el funcionamiento de la razón crítica. Crítica, del griego *kritikós*, aquel que discrimina, separa, distingue. La crítica es la facultad cognitiva que nos permite distinguir entre lo verdadero y lo falso, entre lo bueno y lo malo. Criticar es cribar. Dice Bernardi:

> La mente precisa del tiempo necesario para elaborar la información: la crítica presupone una relación rítmica entre el estímulo neuronal y el tiempo de elaboración. La aceleración del flujo informativo, de la publicidad en medios digitales y redes sociales, ha derivado en la saturación de la atención y terminó por hacer imposible la discriminación. La aceleración del ritmo de estimulación nerviosa impide el funcionamiento de la razón crítica.

El sentido no está en las cosas ni en los signos, sino en las relaciones que establecemos entre ellos, los vínculos. Al hablar de relaciones no me refiero tan solo a la vinculación entre sí de elementos externos, sino también la implicación personal que uno construye con los mismos. Vincularse con algo, el amor, por ejemplo, es darle sentido. Para establecer como artistas asociaciones inexploradas que nazcan de nuestra individualidad, primero hay que ahondar en nuestra identidad, quiénes somos, responsabilizarnos con cómo nos relacionamos con las cosas. Pero en un mundo acelerado no disponemos del tiempo biológico para establecer dichas relaciones. Según Peter Brook, cualquier acto cultural tiene un solo objetivo: la verdad. Pero todo comienza y termina de un modo tan veloz que nos es difícil identificarnos con cualquier sensación de reconocimiento, de verdad transitoria, lo que genera una distancia progresiva entre nosotros y las cosas, entre el *yo* y *el otro*. Construimos entonces nuestra identidad a medias, pues lo hacemos independientemente del resto. Los sesgos algorítmicos solo nos muestran aquello a lo que ya somos afines, reforzando el *yo* al margen de la otredad, evitando así el conflicto de tener que negociar con lo distinto, cuando el ser, volviendo a Aristóteles, se dice de muchas maneras. La conexión con el otro implica conocer y enriquecerse de su biografía intelectual y sentimental. Los algoritmos, por tanto, alimentan nuestra incapacidad para el enfrentamiento. No nos alientan a esforzarnos por conocer la obra de artistas con la fuerza potencial de modificar nuestro pensamiento, sino solo la de aquellos a quienes ya nos parecemos. A través de la alteridad refuerzo o cuestiono la identidad. ¿Con qué no estoy de acuerdo?¿Por qué?¿Qué reflejo me devuelve el otro de aquello que me molesta en mí? Del mismo modo que lo mejor para desmontar una idea es defenderla, no señalar los problemas por miedo al conflicto es la mejor manera de perpetuarlos. La poesía es admiración ante lo distinto, lo idéntico expuesto de forma renovada. Mediante el conflicto con *lo otro* enriquezco el pensamiento, sin él solo adquiero la noción del *yo* a través de la negación de lo diferente. En la poesía el *yo* es uno pero es todos, pues el poeta no habla con todos sino con cada uno. La disonancia, la impotencia al contemplar aquello que no creemos legítimo es un gran motor para la creación, la inconformidad como instrumento identitario. Confrontando se aprende a amar, decía Unamuno. «De la común miseria, surge la compasión mutua. Desconfío del que no lucha y veo siempre un mayor enemigo en el que se somete que en el que me resiste».en la altura del adversario encontramos nuestra medida. El arte es un reflejo de la sociedad, por tanto, en un mundo agotador donde nada nos traspasa porque todo nos supera, donde el constante juicio externo impide someterse honestamente a revisión, donde hemos alcanzado el límite de nuestras capacidades, la manifestación artística no puede ser otra que la superficialidad. Llamo a esta corriente de artistas superficiales, sin capacidad ni voluntad para el vínculo, para enfrentarse al conflicto, esta cultura donde «lo ideal es no tener que hacer sacrificios», *cultura de los cuidaditos*.

Pertenecen a ella artistas capaces solo de ideas de fácil digestión que apenas sacian el apetito espiritual o intelectual. Aquellos tan saturados por los conflictos del día a día que conciben el arte como un refugio donde descansar de los problemas, en vez de el lugar donde confrontarlos, donde plantear las preguntas. El arte como ejercicio de evasión. Centrados en los cuidados personales pero de un modo superficial, sin el pensamiento y compromiso que requiere el verdadero autoconocimiento: haciendo imposible la vinculación profunda con uno mismo ni con el entorno. Ninguna red de cuidados establecida de este modo puede representar, por mucho que se pretenda, un cuidado real. Cuidar, del latín *cogitare*, pensar, perseguir algo en la mente. Los cuidados desarrollados sin ese pensamiento, por bien intencionados que sean, no pueden considerarse cuidados en su sentido más amplio, al menos no *en su sentido etimológico*. Tendremos tan solo *cuidaditos*, sucedáneos diminutos de rápida asimilación que no hacen sino perpetuar la desconexión entre nuestras necesidades emotivas y nosotros, ofreciendo la falsa sensación de lo contrario. Como intentar sanar una herida que no hemos buscado siquiera por miedo a encontrarla, por no querer ver la sangre. Al ser incapaces de mirarla fijamente, llenar el cuerpo de tiritas confiando en que alguna acierte. Hacer por hacer, sanar por sanar sin saber lo que se sana, solo acentúa un sistema acelerado y productivo, sin tiempo para atender las carencias más esenciales y profundas. Aquellas personas entrenadas en la *cultura de los cuidaditos* son las menos capacitadas para valorar y ofrecer cuidados reales, pues no mirar hacia adentro, educarse en la no-observación de la propia miseria, tan solo la acumula. Pienso que deberíamos preparar la muerte con la misma intensidad con que perseguimos expandir la vida, y es en los materiales más esenciales donde residen ciertas revelaciones sobre la condición humana que sirven a ambos propósitos, aquellas que nos conectan con nuestra conciencia de finitud, aquellas próximas al potencial infinito de la nada. Si no aceptas ahora tu miseria, tendrás que hacerlo cuando esté próxima la muerte, esa nada, sombra del todo que es la vida. Para aceptarla, si el arte no existiese, solo nos quedaría la violencia. Los primeros en criticar la ajena son aquellos puritanos incapaces de percibir la propia. El fin último es la virtud, pero para alcanzarla es necesario el contacto con lo inmoral, reconocerlo y transitarlo no como pensamiento sino como experiencia. Tenemos estas mezquindades, esta imperfección moral, sin ellas no podemos hacer arte. El artista trabaja con sus oscuridades porque pretende iluminarlas, pues solo podremos hablar de iluminación cuando ninguna de estas sombras quede abandonada a su suerte. Debemos poder exponernos y equivocarnos no solo formal, sino también moralmente, la mezquindad que aparezca entonces estará al servicio de la compasión, de la piedad, que es saber tratar con lo otro —que es también lo otro oscuro que habita en nosotros— pero bajo el de la «tolerancia», la *cultura de los cuidaditos* no admite la posibilidad de lo inmoral pues no permite el desarrollo pleno de ninguna de las pasiones.

Para poder hacer algo genuino primero hay que luchar por conocerse, pero no existe un camino amable hacia el autoconocimiento. Hay quien pretende hacerlo únicamente a través de terceros, delegando, por ejemplo, en el terapeuta su capacidad de introspección. Elevándolo a la categoría de criatura sagrada mediante otra forma de sacrificio, el económico, buscando en él un gurú, un confesor de respuestas amables y sencillas que nos den la sensación de estar poniendo medio entre nuestro problema y nosotros. Personas, artistas, en busca de alguien que les dirija, de un tercero que opere por ellos porque están exhaustos a causa de su propia soberanía, porque no les quedan fuerzas para ser dueños de sí mismos. En definitiva colocar fuera de uno la imagen del salvador, confiar en alguien que nos diga cómo son las cosas y cómo somos nosotros en lugar de profundizar y descubrirlo mediante la experiencia directa, delegar la identidad. No ataco a la utilidad del terapeuta, apelo a la responsabilidad del paciente. Desconfío del «lo estoy haciendo bien» «Solo tengo que quererme, yo soy siempre lo primero»... Fácil digestión, soluciones rápidas y positivas que agravan el problema de los vínculos. No podrá tener voz propia quien se niegue sus sombras, quien rehúse sus conflictos, pues su voz será entonces la voz del lugar común, la de todos los que escapan, la de aquellos incapaces de admirarse ante el horror, el horror ante la muerte y la miseria. El horror ante el amor. El poema se parece a la persona que lo escribe. Si esta es superficial, su obra lo será inevitablemente. La superficialidad en el arte denota superficialidad en la vida. Corregir nuestros vicios artísticos pasa por corregir primero la manera en que habitamos el mundo. Las grandes poéticas no nos enseñan a crear, sino a vivir.

Por otro lado, no puedo ignorar el acierto de la *cultura de los cuidaditos* al privilegiar la vivencia del instante presente de forma colectiva. Hay algo profundamente bello en ser conscientes de que de entre una cantidad infinita de posibilidades estamos viviendo esta experiencia y no otra, el modo despreocupado con que en las artes vivas uno se abandona al tiempo de la representación. Esa poética del presente ha supuesto para mí un gran aprendizaje y es motivo sin duda de admiración y gratitud. La conciencia es principalmente una experiencia y lo experiencial sucede en presente. La fugacidad con que asumen sus piezas como lo haría un impresionista, concibiendo cada una como un pequeño milagro, una conjugación irrepetible donde público y artista son cómplices y partícipes del aquí y el ahora. Una sublimación de las consignas actorales que nos anclan al *momento a momento*, que nos hacen conscientes del lugar que ocupa el cuerpo en el espacio, la percepción a los estímulos sensoriales, la particular disposición del público o el resto de condicionantes arbitrarios que hacen única cada función. Una apología de la sencillez en pos de privilegiar el elemento esencial del teatro; la excepcionalidad del presente, lo experiencial, tan fácil de nombrar pero, casi siempre, difícil de percibir. Pero los hallazgos están al servicio de ideas tan pobres e infantilizadas —jactándose además de su falta de pretensiones y responsabilidad— que no conducen a ningún cambio profundo en quien son revelados. Celebran también el misterio —han sido de hecho una gran influencia para llegar a las conclusiones de este ensayo— pero un misterio burgués, un misterio a medias, pues no han llevado al límite el pensamiento que nos conduce a él. Así las obras resultan pequeños comentarios curiosos para que la gente opine, como la revista «muy interesante» o los teleconcursos. Saber la respuesta en forma de titular sobre algo sin conocer ese algo, ahorrándose la experiencia de transitar por las cosas, aprendiéndose qué es lo que hay que decir si nos preguntan en vez de tratar de descubrirlo. No han pasado por el conflicto, por las sombras. Al no acercarse al borde, no hay abismo, tan solo aire, un aire cómodo y templado donde saltar —con rodilleras y sobre un suelo acolchado— sin miedo a la caída. Representan en mi opinión el extremo opuesto a las obras intelectuales y teóricas, aquellas casi exclusivamente analíticas, oscurantistas, sin espacio entre tanta perífrasis para la espontaneidad, donde todo es tan premeditado, donde se le pierde tanto el pulso a la pieza por falta de escucha, que esta muere antes de nacer. Quienes llegan al final pero no saltan, quienes recorren los mapas sin explorar lo ignoto, sin correr riesgos, quienes no admiten el misterio, quienes, por la vía opuesta, tampoco se sacrifican.

La *cultura de los cuidaditos* entretiene y distrae, pero no satisface, pues es una cultura entendida en términos de consumo donde, bajo el paradigma de la inmediatez, no hay cuestionamiento profundo, no hay identidad. Este reduccionismo de las ideas atenta contra el sentimiento colectivo. La trascendencia, en cambio, es una puerta a la comunidad. Toda obra de arte que no aspire a entrar en contacto con la sustancia de las cosas es por definición insustancial. Cuando hablo de perseguir la sustancia de las cosas hablo de habitar el mundo buscando en él su máxima realidad, pues somos en relación a las cosas, por tanto parte de nuestra esencia es también la alteridad. El patrón consumista —entender el arte en términos de mercado— anula la identidad y el desarrollo individual. La no-identidad, ese no sentirse parte de nada que se acentúa bajo la influencia de los algoritmos y los estándares de producción, implica no-comunidad. Ser miembro de una sociedad pero sufriendo pocas inquietudes, repetir sus tópicos sin cuestionarlos y sus ideas ya planteadas. No nos dejamos atravesar por las experiencias, las mercantilizamos, las hacemos más digeribles para viralizarlas, las llenamos de adornitos y efectismos para recibir aprobación, pero en el camino no descubrimos nada de nosotros mismos, que tal vez debería ser el principal objetivo del arte. La suma del desarrollo crítico individual tiene un valor colectivo. Al no haber desarrollada una identidad por parte del artista, no hay nada. Toda individualidad es la misma, la falta de criba la convierte en lugar común, en el primer impulso que cualquiera tendría pensando en torno al mismo tema. La falta de intención, de discurso, convierten el arte en una fiesta de cumpleaños, al artista en un monitor de ocio y tiempo libre y la pieza en una gymkana para los compañeros de empresa. Celebran también con frecuencia el sentido literal en el arte, pues la literalidad resulta paradójicamente curiosa, divertida. La literatura es la negación del sentido literal de las cosas. No hay ideas sino ocurrencias, pequeñas curiosidades que quedan saciadas de manera instantánea y superficial. Experiencias todas amables sin la potencia o la hondura del pensamiento. «Un espectáculo creado únicamente para satisfacer la curiosidad, no puede ser arte».—Meyerhold. No seamos solo curiosos, me digo, que nuestra curiosidad se depure después en una elaboración superior a la del impulso original. Lo mismo ocurre con la exposición del sentimiento personal, el cual es válido pero insuficiente. La honestidad emocional debería ser un mínimo al servicio de la idea, no la idea. Nuestro trabajo es casi más dar con esa idea que ejecutarla, pues las obras han pasado a ser los discursos que defienden. No considerar los estados de ánimo como fines en sí mismos. El estado de ánimo todavía no es nada, tan solo vanidad, lo que cuenta es la obra futura. Escuchar otros discursos, confrontarlos, con la esperanza de actualizar el propio, construir con el otro nuestro consuelo ante la muerte, desarrollar el yo mediante el conocimiento del otro, el conocimiento de su historial de referencias personales, qué inquietudes trazaron el mapa de su conciencia sentimental.

Si el arte es un reflejo de la sociedad, el exceso de información, de estímulos aleatorios, —todos de fácil digestión para saltar enseguida al siguiente— se materializa en obras llenas de cositas, de efectismos amables y entretenidos, pero siempre superficiales, caprichosos, que distraen por saturación, ofreciendo tantos estímulos, tanto entretenimiento, que los objetos de interés —en caso de que los hubiese— queden diluídos, conduciendo no al conocimiento sino a la confusión. A más distracciones, más se oculta lo poético. Dejándonos sin tiempo ni ganas de cuestionar la realidad personal de cada uno. El problema no es el entretenimiento, sino el desequilibro entre entretenimiento y capacidad para profundizar. El entretenimiento es bueno como descanso, pero no como eje central de nuestras vidas. Ya no somos forzados a obedecer porque el control se ejerce al doblegar nuestra atención mediante el placer, mediante la saturación de la potencia positiva, lo que anula nuestra capacidad para negar, para participar de forma activa del mundo. Poeta, me digo, es el capaz de vivir atento, el que al menos lucha por poner en valor esta atención, quien lucha contra las distracciones y, como toda lucha, requiere sacrificio. Poeta es aquel que al mirar la aurora, ve la aurora, pero para poder ver la aurora, suele ser necesario pasar la noche en vela. Hablar de *cultura de los cuidaditos* es hablar de incapacidad para el conflicto. Todos formamos parte de los males de nuestro tiempo, pero de nosotros depende rendirnos o resistir, pensar que otra relación con el mundo es posible, luchar contra la incapacidad de ponernos a nosotros mismos en el arte. Donde digo arte, digo amor.

La obra es resultado del proceso de autoconocimiento: quien nada busca, nada encuentra. Como artistas no deberíamos usar el arte para reafirmar lo que ya somos, sino para cuestionarlo. Lo único realmente genuino que podemos ofrecer es nuestra visión, un milagro minúsculo, pero nuestro. Si no soy capaz de comprometerme conmigo, con mi mirada, mi arte solo puede estar vacío. Podré adornar —con mayor o menor acierto— los diminutivos que vaya encontrando, podré llegar a ciertas ocurrencias, copiar resultados formales desligados de la pregunta que condujo a otros artistas hasta ellos, fórmulas vacías sin el proceso de pensamiento que generó las respuestas de la obra original que copio, pero difícilmente podré llegar a ideas valiosas capaces de estremecer a nadie que esté mínimamente en contacto con sus inquietudes y emociones. El techo de la obra, por su falta de juicio crítico, su falta de introspección, será tan bajo que una hipotética perfecta ejecución de la pieza no sería suficiente para conmover, para suscitar nada valioso en un espíritu despierto.

Encuentro que las tensiones en el arte pertenecen no a las preguntas, sino a las soluciones pasajeras que elaboramos para enfrentarlas. El conflicto nace al tratar de responder. Respuestas que a su vez alimenten nuevas preguntas, pero respuestas. No son soluciones, sino —como dice Antonio Lucas— pequeños espacios de complicidad. Estas elaboraciones son los mecanismos para enriquecer la identidad. Al saber que toda respuesta es incorrecta vamos acotando el márgen de lo erróneo, es decir, nos acercamos por descarte negando lo que ya conocemos y sabemos que es mentira a una idea cada vez más precisa y personal de la verdad. Una actitud pasiva o contemplativa sobre la pregunta no conduce a grandes movimientos interiores. El no es la base de la confrontación. «La negatividad del no —dice Byung-Chul Han— constituye un proceso extremadamente activo, a saber, es todo menos pasividad. Si solo se poseyera la potencia positiva, se estaría, por el contrario, expuesto al objeto de una manera del todo pasiva. La hiperactividad es, paradójicamente, una forma en extremo pasiva de actividad, que ya no permite ninguna acción libre. Se basa en la absolutización unilateral de la potencia positiva». El compromiso nace del amor por la pregunta. Es tu trabajo como artista tener una visión como lo es el confrontarla para encontrar otra nueva porque en la contradicción, en la rectificación de las ideas, reside la esperanza del pensamiento. Mediante el compromiso entrenamos también el pedir. Nos enfrentamos a la pregunta no con arrogancia, sino con la fragilidad de una plegaria, de quien necesita respuestas. No se trata de ser duro en las respuestas, sino en la búsqueda de las mismas. Si Dios, como decía, fuese la pregunta, o más bien, la acción de preguntar, nuestra manera de relacionarnos con él, de entrar en diálogo con lo divino mediante el arte, serían las respuestas. Respuestas que, al estar condicionadas por nuestro conocimiento presente de la realidad, no han de ser inmutables, pero hemos de comprometernos con ellas como si lo fuesen, cuestionarlas y defenderlas hasta su última consecuencia, para solo entonces sentir que protegemos la voz de la verdad de nuestro tiempo, sin perder de vista que las verdades cambian, que están vivas como nosotros, que no existe una verdad. Si la respuesta no es al borde de lo conocido, no es *apeiron*, sino operar con ignorancia desde lo ya explorado por la tradición. Como artistas ofrecemos en lo pequeño una nueva posibilidad del mundo, amortajamos una dirección del pensamiento. Dice Luis García Montero:

> Cuando la voz lírica intenta convertir una elaboración cultural transitoria en una verdad esencial, la plenitud se disfruta pero de forma muy pasajera, porque es el prólogo fugaz a una insatisfacción posterior o al descubrimiento de una mentira.

El poeta defiende su derecho a la contradicción al descifrar del mundo lo uno y lo contrario de forma sucesiva e inagotable. Al elaborar respuestas, al vincularnos con las soluciones obtenidas, damos estructura, andamiaje, al pensamiento, lo que nos conduce a una conciencia crítica y personal, nos acerca al borde para experimentar el vértigo del desequilibrio real ante lo desconocido, ante el misterio. Así lo hace, por ejemplo, el pintor, tomando constantemente decisiones, dando respuestas tangibles para la resolución del cuadro. No se plantea únicamente qué color utilizar o cómo equilibrar la composición. Materializar el trazo es su juego creativo, atreverse con la ejecución, equivocarse, corregirlo. Lo mismo con las ideas. La respuesta no es lo interesante, sino la acción de responder. Encontramos otro buen ejemplo en la tragedia griega, donde es más atractivo, más escénico, el silencio que precede al gesto, la toma de decisión del héroe, que el resultado del acto en sí. O los certámenes de poesía, donde no es tan valioso premiar un manuscrito como la discusión interna del jurado para decretar el fallo. Toda decisión es incorrecta, pues difícilmente habremos elegido la mejor de entre una cantidad infinita de posibilidades, pero es respondiendo como avanzamos, como actualizamos las preguntas; mediante el ensayo y error, a imitación del método científico. A través del consenso de lo subjetivo logramos objetivar el mundo, aproximarnos a una idea común de la verdad, la justicia, la belleza, mediante el símbolo, que es el lenguaje del misterio.

El conflicto de tener que responder sabiendo que no se va acertar se evade mediante dos opciones: plantear únicamente interrogantes, —pretendiendo conquistar su descubrimiento e ignorando así la tradición. ¿No es eso, acaso, soberbia?— o dar a la vez el suficiente número de respuestas satisfactorias como para diluir entre todas tu visión personal del mundo; «a falta de una tengo diez miradas distintas, la última te sorprenderá». Inofensivos titulares y frases de azucarillo para no decir nada de lo que poder arrepentirnos, para ocultar la realidad: que no existe una visión que esconder, cuando lo que legitima al artista es su individualidad, su interpretación personal del mundo. Respuestas sin voluntad de significarse por miedo a la disidencia social, a ser víctimas de la positividad y el consenso de la cultura de la cancelación. La incapacidad para el conflicto se traduce en dificultad para discernir lo esencial de lo anecdótico. Al vincularnos tan solo con lo segundo generamos una falsa sensación de compromiso, pues perder lo contingente siempre es menos doloroso. Nos arriesgamos a una derrota mediana que sí podemos asumir. No hay entonces revelaciones sino caprichos nacidos de frías mecánicas de provocación: las lluvias de ideas. Una gran herramienta a menudo mal empleada, ya que su potencial reside en iluminar aquello que tras ser pensado no ofrece respuesta. Claro que también podemos descubrir material valioso en lo accidental, pero lo importante no es lo accidental, sino saber reconocer en ello lo valioso. Las soluciones que aportan pueden ser de gran valor si apuntamos en la dirección correcta, de lo contrario, ofrecerán más distracciones que hallazgos. Si disparas sin saber cuál es el objetivo, tampoco sabrás si has acertado. La precisión vuelve la obra más valiosa en la medida en que nos desprende de todo aquello que no lo es. Las lluvias de ideas ponen solución a la falta de capacidad crítica para establecer conexión entre fenómenos. Estas respuestas en piloto automático, rápidas y descabelladas, son una falsa promesa, pues arrojan sus resultados a costa de la esencia de la creación: permanecer a la escucha de lo poético. Si sientes que esa solución está ahí como podía no estarlo, como podía estar cualquier otra en su lugar, entonces probablemente no has llegado todavía a dar con la mejor solución posible, sin olvidar que la solución perfecta tampoco existe.

No es que el artista de la *cultura de los cuidaditos* no quiera vincularse con lo esencial, sino que no puede. Descubrir lo esencial requiere tiempo, pero el imperativo social nos obliga a seguir aportando rendimientos, de esta forma nunca descansamos, alimentando la perpetua sensación de carencia y culpa. Competimos contra nosotros mismos hasta quemarnos. Confundimos con frecuencia el miedo y el cansancio. Debemos descansar, no desistir, me digo. Durante el sacrificio se cancela el tiempo habitual, nos liberamos de la producción y el rendimiento. «Detente, instante, —dice al fin Fausto— eres tan bello». Solo durante el ejercicio de la poesía el poeta es libre. El acceso a lo divino, lo sublime, nos libera de la mercantilización de la vida. Lo contrario son respuestas automáticas, ideas producidas en cadena del mismo modo que los medios nos bombardean con nueva información sin antes contrastar la veracidad de sus fuentes, compartiendo noticias falsas por miedo a publicarlas tarde. Es más importante levantar la voz y hacerse escuchar que pensar lo que uno quiere decir. Si tienes que, mediante lluvias de ideas, descubrir de qué quieres hablar, entonces no quieres hablar de nada. Por favor, no nos hagas escucharte.

Frente al compromiso de implicarse íntimamente con la búsqueda y la destilación de referencias, manejarse entre caprichos para después justificar su vinculación. Cuando uno se compromete no tiene la sensación de tomar decisiones, sino de escucharlas, deshojando el conjunto de experiencias que afloran en su interior al avanzar por la obra. Si nos hemos puesto a nosotros en la pieza, si nace de una necesidad real, con cada pregunta que le hacemos nos estamos cuestionando a nosotros. «Mediante el sacrificio se alcanzan conclusiones espirituales a las que no se puede acceder en la vida calculada, destinada a proteger la integridad corporal. El sacrificio implica la máxima vulnerabilidad corporal, que es la máxima vulnerabilidad espiritual. Es desprotección».—Angélica Lidell. Como el niño, descubrimos el mundo al romperlo, al desmigarlo para ver cómo sabe por dentro, a qué huele su materia. Conocemos el *yo* a costa del *yo*. Dice Hermann Hesse «De forma intensa solamente se puede vivir a costa del yo. No obstante, el burgués —el artista de la *cultura de los cuidaditos*— no desea nada tanto como al yo (por supuesto un yo desarrollado únicamente de manera limitada). Logra seguridad y conservación gracias a la intensidad; en lugar de posesión de Dios, únicamente cosecha la quietud de conciencia; en lugar de placer, bienestar; en lugar de libertad, placidez y comodidad; en lugar de fuego ardiente, una temperatura agradable. Por consiguiente, el burgués, por naturaleza, es un ser de frágil impulso vital, miedoso, con el temor a la entrega de sí mismo, fácil de gobernar».

Así en el arte. Así en el amor. Creando desde el compromiso, desde el sacrificio, también sorteamos en la medida de lo posible el tan temido síndrome del impostor, pues aunque sigamos teniendo inseguridades respecto a la obra, no tenemos que defender ante nosotros mismos la necesidad de la idea, esta se defiende sola. Uno no tiene que inventar lo que es, sino pretender descubrirlo para más tarde traducirlo, materializarlo. Lo poético no puede descifrarse sino por quienes tienen por mayor virtud el compromiso con lo sensible. Variarán después casi todos sus aspectos, pero cuando se asiste a la idea, la sensación es innegable. Nuestro trabajo es lograr que pueda mostrarse de la forma más pura, más clara posible, procurando que nuestra intervención, nuestros vicios y carencias, no adulteren su valor. Mientras más precisa sea la información que poseamos, la elección de nuestras premisas, mejores serán nuestros hallazgos, más riesgo estaremos dispuestos a asumir y más lejos llegaremos con nuestras conclusiones. Menos cosas que podríamos haber hecho mejor durante la preparación estarán jugándonos en contra en el momento de la ejecución, más libres estaremos para abandonarnos al misterio. Para que la poesía nos asombre tiene que descubrirnos algo que nos estaba hasta entonces velado. El mundo no es fácil de descifrar, por eso el poema accede a él como lo hace una ganzúa, con precisión hasta encontrar el hueco donde suavemente deslizarse y solo desde ahí empujar violentamente, penetrar con la palabra con la brutalidad con que lo terrible penetra en el cuerpo. «Encontrar la palabra que fuera asequible también para la vaca, el león, para el maravilloso toro, para el insecto. La palabra universal».—María Zambrano. De lo contrario los resultados mostrarán solo nuestros esfuerzos por justificar y defender decisiones arbitrarias, pues la desconexión entre las necesidades del artista y las de su obra tiene como consecuencia invertir más tiempo justificando que cuestionando. Respuestas en su mayoría hijas del azar o de los requisitos en convocatorias para las subvenciones públicas. Estímulos externos, excusas para nunca poner demasiado de uno mismo en las cosas, para mantenerse frío, inmaculado, correcto. A medida que acumulamos información, la necesidad de pensar aumenta, pues hay que procesar y prescindir de cuanto deja de servirnos, teniendo que gastar más energía en la criba posterior de la que hubiésemos requerido precisando mejor la búsqueda desde un principio. La experiencia de lo arbitrario es interesante, pero es solo una, siempre la misma, y una vez explorada no esconde un desarrollo ulterior. Con frecuencia las obras surgidas a partir de las lluvias de ideas son mosaicos incoherentes donde las ocurrencias peregrinas conviven con los elementos esenciales de la pieza, ensuciando su conexión y debilitando el conjunto. No es lo mismo que en el arte valga todo a que acabe entrando cualquier cosa. Un poema son solo las mejores palabras en el mejor orden, dice Coleridge. Si entra todo, se termina hablando de nada. Así no hay nada con lo que estar en desacuerdo, nada que nos exponga.

Para seleccionar cuales son esas palabras, ese orden concreto, el artista ha de elaborar sus propias reglas, las de otros no le sirven más que como referencia. Como sucede con todo lo heredado, los muebles, las ideas, el mundo, nada nos pertenece hasta que lo hacemos nuestro. «Nunca reside el valor de las obras en las reglas observadas, sino en estructuras crecidas bajo la mano del artista durante su búsqueda de lo que la regla requiere».—Cesare Pavese. Buscando estas soluciones, elaborando nuestro sistema de creencias, descubrimos el recorrido interior del alma, necesitamos de estas reglas para ordenar nuestra disidencia. Mediante la criba permanente de hipótesis, mediante la limpieza en la búsqueda de premisas, accedemos al carácter universal de la obra, a lo poético. La esencia de lo poético es la simplicidad, no la complejidad. En la infinita simplicidad reside la infinita complejidad potencial. En el arte descansa la libertad creadora de la mente humana, una libertad vacía, sin procedimientos prohibidos, que se llena con el mismo ejercicio de crear. La propia creación va seleccionando y ordenando los procedimientos, por eso hay que estar a la escucha de las pautas que cada obra requiere. Lo universal es aquello que con el mínimo número de premisas logra cubrir el mayor número de situaciones potenciales. Cuantos menos presupuestos sean necesarios para afirmar una verdad, más difícil será desmontarla. Por otro lado, al simplificar un pensamiento complejo para su difusión, perdemos inevitablemente parte de su valor original. «Ninguna idea brillante consigue ponerse en circulación si no es añadiendo a sí misma algún elemento de estupidez. El pensamiento colectivo es estúpido porque es colectivo: nada pasa las barreras de lo colectivo sin dejar en ellas, como impuesto indirecto, la mayor parte de la inteligencia que lleve consigo. La vida perjudica la expresión de la vida. Si yo viviera un gran amor nunca podría contarlo».—Fernando Pessoa. El juego está en encontrar el equilibrio, conseguir transformar en símbolo la experiencia interior. Encontrar las reglas del juego para conseguir ese equilibrio es el juego, como las huellas que nos conducen a la obra son la obra. Gracias a la limitación creativa el artista logra una intensidad de la que habría carecido si se permitiese total libertad, pues el principio de las limitaciones creativas requiere libertad dentro de un círculo premeditado de obstáculos. «El talento es como un músculo, si no hay nada contra lo que empujar, se atrofia».—Mc Knee. Sobre lograr conexiones inexploradas, pequeños contactos entre fenómenos para acceder a lo universal desde lo concreto, dice García Montero: «Los poetas se esfuerzan por delimitar una frontera entre la intimidad y los vínculos, un lugar intermedio, fronterizo, llamado conciencia. (...) Urge reconocer la importancia de las decisiones individuales, la responsabilidad de decidir, negándose a la falta de matices y de pensamiento, a lo blanco y lo negro, al bien y al mal. Conviene ser dueños de nuestro propio vacío, amueblarnos con nuestra libertad de decisión, dándole en cada caso a la identidad, lo que es de la identidad y a los vínculos lo que es de los vínculos. (...) Delimitar un ámbito propio desde el que buscar los valores universales del ser humano y las fuerzas objetivas y generales del amor y la muerte. No se trata simplemente de equilibrar la identidad y la universalidad, sino de encontrar lo universal gracias a la identidad». Extraer nuestro caso particular para hallar el general. ¿Cuál es mi condición principal? La que solo yo represento. Qué digo cuando digo: soy yo.

Nacemos inmortales, el niño se vuelve mortal al comprender la palabra muerte. Para ser originales no hay que poner sino quitar, volver al origen. La poesía nos desnuda, nos resta capas de nosotros mismos. Nos hace renunciar a convicciones. Nuestras obras no dejan huella en nosotros, al contrario, las van borrando para llegar a lo esencial común a todas las personas, para volver a ese niño admirado que todavía habita en nosotros. Ser poeta —así lo entiende el tópico literario— es entrenar la niñez para que no se desgaste con los años, para no perder la admiración. La poesía es el ejercicio de admirar. «Mediante el sacrificio practicamos la pedagogía del asombro. En el arte no existe aprendizaje sin asombro frente a lo excepcional».—Angélica Lidell. Admiración frente al cinismo pobre de la *cultura de los cuidaditos*. Un cinismo sin ingenio, sin apenas aciertos que tan solo conserva el distanciamiento, dando como resultado un arte despersonalizado por imposición, por incapacidad de vínculo con la obra. Disfrazar de decisión esta carencia no la convierte en decisión. Con frecuencia el cinismo conduce a la celebración del desconocimiento, a negar las referencias. Al desinterés por el *Ubi sunt. (Ubi sunt qui ante nos in hoc mundo fuere?* ¿Dónde están quienes vivieron antes que nosotros?) Me parece incomprensible que un profesional de la cultura sea inculto, que no muestre interés en ella como medio para entender y comunicar el mundo. En todos los dominios del aprendizaje nos hallamos subidos a lomos de nuestros ancestros, atisbando desde esa altura cuanto su dedicación y esfuerzo les permitió vislumbrar. No despreciemos el regalo que heredamos, me digo, las preguntas que se hizo el mundo en otras etapas para responder desde la nuestra. Respetemos lo que ya estaba para que lo que ya estaba nos respete, pues también formamos parte de la tradición al cuestionarla, pero necesitamos conocerla para poder redirigirla, para hacer que dialogue con las necesidades contemporáneas. La tradición es en definitiva un diálogo generacional, pero como en todo diálogo es frecuente tener más ganas de ser escuchados que de escuchar. Atendamos a quien ya estuvo pero aprendamos sobretodo a ignorar al populista y al vendehumos, pues no olvidemos que siempre hay quien se hace maestro solo por las vacaciones. El artista no tiene un compromiso con la eternidad sino con la continuidad, es tan solo un sedimento, un eslabón más del patrimonio cultural del hombre, un puente entre lo que fue y lo que será. La falta de referentes nos excluye del diálogo cultural, nos lleva a pensar que todo lo que decimos lo estamos descubriendo nosotros, pues cuando uno no está inhibido por el conocimiento de la tradición, se siente mucho más libre para sugerir un enfoque ingenuamente novedoso. Pero la libertad no es fácil, en todos los ámbitos de la vida, requiere responsabilidad. Huir de la repetición se convierte entonces en otra forma de reiterarse, pues, al ignorar lo anterior, todos innovan del mismo modo. Defendamos la pluralidad, escapemos de la mente colmena, de las visiones idénticas. No puede haber ruptura total sin conocimiento de aquello que se rompe, luchemos no contra la ignorancia —pues todos somos ignorantes— sino contra el desprecio del conocimiento. «Lo peor que puede sucederle a cualquier artista es que, al saber que en el arte es inadmisible el formalismo, ignore cualquier tipo de forma».—Meyerhold. Existe un estrecho vínculo entre forma y fondo. Dominando una, obtienes la otra. La forma nace como consecuencia del pensamiento, del proceso de búsqueda. La incapacidad para discernir lo esencial de lo anecdótico nos lleva a copiar sólo lo menos interesante, las manifestaciones formales. La falta de juicio nos conduce a replicar las respuestas que dieron los grandes maestros en lugar de repetirnos sus mismas preguntas. A imitar los resultados ignorando los procesos, repitiendo cadencias y recursos, formas vacías por la ausencia de tensiones entre pregunta y respuesta. Los resultados pierden su valor porque se han desvinculado de la relación original de la que surgieron cuando lo valioso era la relación, no la respuesta.

Celebro que la *cultura de los cuidaditos* encuentre sus espacios, que —por su rápida digestión y fácil acceso— sus piezas sirvan de divulgación artística, que actúen como puerta de entrada a la cultura, como servicio de entretenimiento. El problema es concederles gran parte de los espacios especializados, institucionalizar la mediocridad, que, por otra parte, es la norma. Siento una enorme desilusión por la distancia que existe entre el ideal de las artes y la realidad del marco en que se ejercen. Donde digo arte, digo amor. La desilusión, la protesta, es otra forma de compromiso, ver corrupto el objeto de nuestro amor debería causarnos un dolor inmenso, me digo. En España prolifera la promoción de textos «clásicos» no representados. Una herramienta de marketing, un truco lingüístico para perpetuar la falta de juicio crítico. Confundiendo textos clásicos con textos antiguos generamos la falsa sensación de estar en contacto con los eslabones esenciales de nuestra cultura, estándolo tan solo con sus contemporáneos, con aquellas obras menores que replicaron las respuestas formales de su tiempo, como sigue sucediendo. Dice sobre los clásicos José María Micó:

> Los textos clásicos que constituyen el canon literario nos parece que están ahí porque contienen la esencia y alcanzaron la excelencia en la representación de las líneas de fuerza de la historia, la cultura y el pensamiento de su época; que son característicos de una lengua, de una nación, de un tiempo histórico, de un estilo artístico. Están ahí porque no se pa-

recen a sus contemporáneos, porque transgreden las normas, superan las teorías e hicieron algo que nadie jamás hizo. El canon literario no recoge la uniformidad sino la singularidad y la diferencia. La tradición literaria no es una exposición de modelos, sino una reunión de excepciones y de extravagancias. Resulta fácil añadir cosas que ya se han dicho. Lo que importa es la comprensión de los procesos y la ponderación actualizada. Las grandes obras perfeccionan una tradición o inician una moda.

La excelencia no tiene fórmulas, pero el primer paso para la disidencia es la voluntad. No tengamos miedo por tanto a ser la voz disconforme, la flecha que apunta en dirección contraria. El arte está para señalar las disfunciones del sistema, para luchar contra la subvención de la incultura. Las obras que se ganaron el título de *clásico*, —además de las muchas que fueron injustamente discriminadas del canon por cuestiones de raza o género— son aquellas que contra los imperativos de su tiempo consiguieron acceder a la esencia universal de la condición humana. Aquellas que se opusieron a lo idéntico para inmediatamente después ser absorbidas por sus contemporáneas, aquellas que fueron reactivas a lo predominante. «Si todavía hay algo que la gente no quiere escuchar, eso es lo que hay que decir. El sacrificio redime con su violencia poética individual la violencia real colectiva» —Angélica Lidell.

La esencia del sacrificio poético es el misterio, el misterio ante la angustia por la muerte. Cultivar nuestro contacto íntimo con la muerte nos sujeta a la vida, nos hace verificar el mundo. La experiencia de la belleza comienza cuando la técnica es expulsada por el milagro. El milagro es un acto solitario de creencia, el milagro es la propia fe en los milagros, —del latín *miraculum*, palabra derivada del verbo *mirari*, admirar, contemplar con asombro— el milagro es mirar. La vulnerabilidad con que admiramos lo bello y lo terrible. Ese lugar extraño desde donde dar sentido a la vida. La máxima expresión de sacrificio es el amor, no hay amor sin sacrificio. Aunque el sacrificio es voluntario, el amor deja de serlo en la medida en que excede la voluntad. Quien no ha sentido a Dios en el amor no ha estado enamorado y solo quien no ha sentido a Dios se niega a sacrificarse en favor de lo divino. En el amor no se puede ser cobarde. Así lo entendió el batallón de Tebas, ciento cincuenta parejas de amantes que formaban la fuerza de élite del ejército tebano contra Esparta en el siglo IV a. C. Tu compañero soldado era tu amante porque peleabas más duro si de ello dependía su vida, si ambos os la jugabais juntos. Nuestra guerra, en la mayoría de los casos, es la propia vida, una batalla perdida contra la muerte. Hay que morir tan solo con quienes mueren con uno, sacralizar el amor mediante el sacrificio. Porque solo por amor vale la pena perderlo todo. El arte es un acto de amor inmenso hacia uno mismo porque uno es el objeto sacrificial, es uno quien muere para renacer distinto al terminar la obra. No sacrificarse es renunciar a las cosas buenas de la vida con tal de sortear también las malas. Yo entiendo al poeta como aquel que persigue las pasiones absolutas, el dolor vale la pena por la posibilidad de conocer a cambio el amor absoluto, aunque sople Dios más fuerte en el dolor que en la belleza. Llegamos al punto medio de un concreto, a una idea de verdad, al aumentar la distancia entre los opuestos, teniendo más noción de absoluto en ambas direcciones.

Para que emerja un nuevo *yo*, hay que estar dispuesto a matar al *yo* actual. Es uno quien desde el borde se arroja a lo terrible. El mismo que dice: soy yo. El mismo que dice: te quiero. Volvamos a sentir el sacrificio como un homenaje, como una celebración, una fiesta donde damos las gracias. Como en el cuento del golem y el rabino, la obra es al artista lo que el artista a Dios. Este libro es la mitad de un todo, refleja solo una vía para el sacrificio, aquella que puedo representar, la vía de la violencia, la inconformidad, la mitad de una verdad no por ello menos verdadera. Ciertas oscuridades fueron necesarias para llegar a sus conclusiones y la principal fue que también la violencia, motor del cambio, necesita de su contrario, la ternura, para que ese cambio prospere sin provocar la destrucción absoluta. La piedad de la ternura con lo violento, la piedad con el dolor, con el miedo, pues gracias a que ambos existen, existe también la posibilidad de amar. Es importante buscar las oscuridades, pero solo podrán iluminarse bajo la frágil luz de la ternura. Cabe tanta poesía en la renuncia de un gesto como en su ejecución. El mundo no prosperará hasta que el hombre admita la ternura. Al escribir esto sé que estoy llegando a reconciliarme con algunas de mis sombras, que está cerca la sanación que solo surge al final de la obra, al final del sacrificio.

Todo esto me digo.

NOLI ME TANGERE

*Me parece igual a los dioses ese hombre que frente a ti
se sienta y te escucha muy cerca tu voz dulce y tu risa amable.*

SAFO 31
(TRADUCCIÓN DE ARTURO MARTÍNEZ VÁZQUEZ)

NOLI ME TANGERE

Quisiera no temblar al acercarte
y a más cerca tu piel, íntima hoguera,
más busco y menos doy con la manera
de no arder, no temblar y no buscarte.

Que fuese hoy quisiera y hoy tampoco.
De nuevo al acercarte, compañera,
me muero por tocarte y no te toco.

Quisiera comprobar si en estas tardes,
más tibias cuando el cielo más se enfría,
bajo el secreto sol de otra poesía,
también buscas y tiemblas, también ardes.

Que hoy fuese querría y hoy tampoco.
De nuevo al acercarte, amiga mía,
me muero por tocarte y no te toco.

SI ME APRIETAS LA MANO

Después de haber dormido hoy en mi hombro,
como drenando el sueño,
llenas de ti la noche con ese olor tan de la infancia y tuyo.
Así como escogí
mis mejores sutilezas,
mis más tiernos cuidados,
así, como nervioso,
con tu memoria en las yemas,
me acaricio sin sueño.
Y cómo dormir sabiendo
que en otra esquina del silencio duermes,
cómo palpita en tu reposo el mundo,
cómo estallan los bosques
si me aprietas la mano.
¿Cómo sabiendo tu olor?
El mismo que a sombra y ámbar,
inútilmente la noche imita.

ALGUNAS NOCHES

Desmoronarse es un verbo lento, tranquilo,
casi apacible.
Uno no cae de rodillas,
se sienta sin ruido en la cama
para no espantar al sueño.
Retoma silencios y libros,
piensa en la palabra arbusto.
Piensa en la palabra mimbre
y abre a veces al cartero.
Hace lo que puede con su nombre
para solo algunas noches
volver la vista atrás
y rendirse a la evidencia.
Recoger los días buenos,
los amigos
y algo más.

BAJO EL CIELO

Las muchas horas de amor
o el reflejo de la noche en ciertos charcos
me han llevado a este balcón donde de nuevo
cabalgan contra mí viejas lecturas.
No malgastes, digo, aquí tu gravedad.
Todo tiene un tiempo bajo el cielo.
Si también tú me buscaras,
si explotase en ti mi nombre
como hacía el firmamento
en esas noches de verbena.
Pero olvidemos juntos la tragedia,
amarremos la conciencia hasta que nada importe,
miremos en silencio al desamor.

Escribo para, muy de tarde en tarde,
conseguir algún triunfo del amor contra el destino.

CAMINO

Me desprendo de amores,
de días que, como hojas secas,
caen con forma perfecta
y se acuestan a los pies.
                              Avanzo
con el miedo de olvidar
dónde marchitan su voz mis huellas.
Acaricio los restos,
desgasto, quiebro en sus pieles duras
cuanto de mí conservan.
Camino sin remedio.
Camino.

NOCHE DE ESTRENO

También mi trabajo es quedarme el último.
Comprobar con horror perenne, acariciado,
cuánto te quise y dónde
resuenan en mí tus vicios.
Te he visto buscar su pierna,
toro negro y, desbocada,
sonreír mientras tropiezas
torpemente al apoyarte.
Te he visto volver los ojos
como pájaros terribles
escarbando mi alma niña.
Escapo del local donde me esperas
mientras convierto en humo las preguntas.
Arrojo en la colilla nuestra historia,
retuerzo la noche inmensa.

Porque sigue siendo tuyo
todo cuanto de mí a la muerte importa,
en noches como esta
me aferro a la mayor de las venganzas,
no dejar de quererte.
Gracias, digo.

SE MECE EN MÍ DESPACIO

Se mece en mí despacio
la tarde clara y busco
un rincón y hablar de ti.
No quiero secar las manchas
donde gotea el fin de nuestro amor,
no quiero tragar ya si he de olvidarte.
Mastico lento, desgrano la cruel certeza
de saber que estaré bien cuando te vayas.
Disfruto estas tardes antes
de aprender a estar sin ti,
de mirarte todavía
como el perro que conoce
por primera vez la playa.
Prometo olvidarte pronto
como así lo necesitas
y perdernos cada uno
sin remedio entre los años.
Lucharé por no escribirte,
por fundar tan solo en ti
algunos márgenes del mundo.

PARA OLVIDARTE

Hablar de todo ya sin ti.
Esta noche, por ejemplo,
del barrio al que vuelvo.
De las sombras que adormecen
ciertas piedras del jardín.
Si vienen a morder en mí tu nombre,
vuelvan mañana, en casa
todos duermen.
La brisa, pulmón del cielo,
despeina con su paso tu memoria.
Memoria cual la hierba, que regresa
sin ruido ni preguntas a su forma.
Para olvidarte
hablar de este silencio tan sin ti,
sensible a los asuntos de los grillos.
Luego siento que me miras
y sé definitivamente que es de noche
y todo habrá valido ya la pena,
cuando arrastro los pies por tu recuerdo,
cuando apoyo tu nombre en mis rodillas,
cuando el hálito de Dios, desde la luna,
calienta su dolor sobre mis hombros
y digo que perdí tu amor
como se rompen los dientes,
como estallan los vasos contra el suelo.

Fatigo así las noches,
en busca de ese cuerpo en que morir.

DE TI NO SE SALE, AMOR

De ti no se sale, amor, ya sé,
que allí donde alcanzo, alcanzas.
Que no puedo escapar
si eres todas las naciones,
si siglos o animales son con tu materia.
Primer ladrillo del mundo, tú,
Distancia entre las horas
que a cada paso diseñas
bajo tus pies mi rumbo.
Tú que sabes dónde guardo el miedo,
no me dejes.
¿Cómo, si todo abarcas,
no hay sitio para mí en tu cuerpo?
Déjame intentarlo todo
y si de ti no salgo entonces,
guárdame en ti,
rompe mi cráneo, amor, contra tu pecho.
Apriétame fuerte, amor,
derrama este amor por las cuencas
y no limpies la sangre.
Deshuésame la cara
como a un diente de león
y espárceme siempre.
Recuerda mi tacto, amor,
abrázame fuerte.

LA NOCHE

Esta noche te odio y cumplo años.
Son las ganas de dormir;
no me ayudan a matarme.
Manchar, muriendo, con mi nombre
cada uno de tus días.
Que lo sufras y lo arrastres
por piscinas o reuniones.
No hiciste nada malo,
tan solo he perdido el juicio
caminando hacia tu sombra
sin testigos ni descanso.
Morir todas las noches
sobre tu cuerpo inocente, indefenso,
y decirte nuevamente «es por tu culpa»
cada vez que el sol caliente
tu café del desayuno.
Así cumplo estos años, amor,
con esta condición tan mía,
este insomnio corrosivo
que perfora desde dentro
la clemencia de mis padres.
Te maldigo, amor,
tiernamente te maldigo.

Así podría hablarte

si la culpa fuese tuya
de algo de esto que me pasa.
Si me hubiese vuelto loco como estoy.
Pero soy tan solo yo,
cobarde y al galope,
rajándome las plantas
con ramitas y cristales.
Huyendo del amor.
Rogándole a la noche lo que no puede darme:
la noche.

EL SILENCIO

Escucha el final, amor.
Cómo se seca el silencio
en este dolor de hoy
tan distinto al de otros días.

Escucha para poderlo
recordar si alguna noche
—confundida por la lluvia—
se te ocurre recordarme.

Escucha para que vuelva
como una mano tendida
al otro lado del tiempo,
lejana igual que mi nombre
o el rincón de aquel hotel
donde tanto nos amamos.

Escucha para que puedas
sonreírme tiernamente
cuando te acuerdes de mí,
cuando nos busque la muerte
por distintas geografías,
cuando recuerdes que hoy
nos marchamos con cuidado
de este último silencio.

Escucha el final, amor.
Callemos mirando al suelo
con sangre negra en la boca.

NOLI ME TANGERE

Quisiera con un libro responderte
que sé que no hay amor sin sacrificio.
Si por miedo a perderte perdí el juicio,
quisiera disculparme, agradecerte.

Rogar que, por favor, no me provoques,
no acerques ya tu boca, porque, amor,
me muero si me tocas, no me toques.

No vuelvas, vida mía, con tu olor,
aroma que condensa el infinito,
ternura donde aprendo y delimito
los márgenes del arte y del horror.

No vuelvas, por favor. No te coloques
al borde de mi boca, porque, amor,
me muero si me tocas, no me toques.

ÍNDICE